Inhalt

Die Mobilität der Kommunikation (Sprachen und Daten) gewinnt an Bedeutung

Kernthesen

Beitrag

Fallbeispiele

Weiterführende Literatur

Impressum

Die Mobilität der Kommunikation (Sprachen und Daten) gewinnt an Bedeutung

M. Westphal

Kernthesen

- Die virtuelle Arbeitswelt von heute verlangt deutlich mobilere Kommunikationswege
- Das Thema Mobility gewinnt auf der Agenda der IT-Chefs wieder an Bedeutung
- Mobility ist nicht nur sprachbasierte Mobiltelefon-Kommunikation sondern der komplette Datenaustausch zwischen verschiedenen wechselnden (auch virtuellen) Standorten

Beitrag

Die IT-Unterstützung der mobilen Arbeitswelt hat mittlerweile strategische Bedeutung

Trotz der Forderung nach Kosteneinsparungen in der IT, gewinnt das Thema Mobility für Unternehmen vor allem für die Bereiche "Home-Office" und "Fernzugriff auf das Unternehmensnetz" zunehmend an Bedeutung. Technologien wie Wireless LAN (WLAN), Virtual Private Networks (VPN) oder auch UMTS können zu den Topthemen des Jahres 2004 werden. Mobilität und deren IT-Unterstützung hat mittlerweile strategische Bedeutung.

Die hohe Virtualität und das hohe Tempo der heutigen Arbeitswelt benötigen adäquate Kommunikationskanäle

Die Arbeitswelt von heute ist geprägt durch einen zunehmenden Grad an Virtualisierung. Somit befinden sich immer mehr Mitarbeiter nicht oder nur

zeitweise im Unternehmen. Darüber hinaus nimmt die Zahl von freien und festen Kooperationen zwischen Unternehmen oder aber zwischen Unternehmen und einzelnen Beratern oder Partnern zu. Wesentlich für eine erfolgreiche Zusammenarbeit ist die Sicherstellung einer kontinuierlichen Kommunikation aber auch der jeweils gegenseitige Zugriff auf notwendige Informationen. Mobile Kommunikation kann per E-Mail, Mobiltelefon, Instant Messaging oder auch Datenautausch über die Mobilfunkschnittstelle stattfinden. Außerdem bedingt die zunehmende Beschleunigung der komplexen Arbeitsprozesse, dass Mitarbeiter, die nicht am Arbeitsplatz sind oder aber externe Partner notwendigerweise Zugriff auf Unternehmensdaten bekommen, was bedeutet, dass sie geschützten Zugriff auf das Firmenintranet bekommen.
Die wesentlichen Probleme in dieser Mobility-Initiative sind:
- Investitionsvolumen, um alle Beteiligten mit mobilen Endgeräten auszustatten
- Unternehmensinterne Prozesse sowie die externen Schnittstellen müssen "Mobility"-reif gemacht werden im Hinblick auf offene Standards und Datenaustausch
- Sicherheit im Hinblick auf den "mobilen" Austausch sensibler Unternehmens- oder Kundendaten

Auch Satellitenverbindungen können den Kommunikationsbedarf unterstützen

Unternehmen die global agieren, können sich in ihrer Kommunikation keine Lücke leisten. Nicht nur Großunternehmen, sondern auch Mittelständler schließen daher ihre Kommunikationsketten via Satellit. So werden auch in entlegendste Gegenden ausfallsichere Verbindungen geschaffen. Probleme ergeben sich insbesondere im Hinblick auf die Verschlüsselung und damit Datensicherheit, da erst die Satelliten der nächsten Generation sicher genug für Firmenanwendungen sein werden.
Häufig dienen Satelliten auch als Backup-Kapazitäten für terrestrische Netze, um eine ausfallsichere Kommunikation mit entfernten Filialen oder Produktions- und Montageteams zu ermöglichen.
In Zukunft wird auch Multicast eine große Rolle spielen, wobei Multimediaanwendungen über mobile Endgeräte den ständigen Zugriff auf unterschiedliche Datenquellen wie Bilder, Töne und Daten ermöglichen.
Eine Faustregel für den Einsatz von Satellitenverbindungen sagt, dass ein von 20

Teilnehmern simultan genutzter Satellit die kostengünstigere Variante zur Standleitung ist. (1)

Auch heute nutzen viele Unternehmen schon sehr ausgefeilte mobile Kommunikationstools, um den teilweise sehr spezifischen Kommunikationsanforderungen gerecht zu werden. Innerhalb des Abschnitts "Cases" werden einige Beispiele aufgezeigt.

Fallbeispiele

Unterstützt werden die Anforderungen der Unternehmen im Hinblick auf Mobilität auch durch ein von Siemens ICN entwickeltes technisches Konzept mit dem Namen "Lifeworks". Lifeworks stellt eine Plattform dar, die Kommunikationsanwendungen jeder Art übergreifend auf allen Netzen und Endgeräten verfügbar macht. Der sogenannte Softswitch, der die Vermittlungstechnik der Telco-Carrier mit den Features der Enterprise-Produkte verschmilzt, fasst somit öffentliche Netze und Unternehmensnetze zu einer logischen Domäne zusammen. Dadurch wird für eine Kommunikation ohne Medienbruch mittels eines zentralen Servers gesorgt. Somit reicht der Aktionsradius von Lifeworks vom festen Arbeitsplatz über mobile Mitarbeiter bis hin zum Teleworker im Home-Office. Diese Technologie verspricht unter anderem eine Reduzierung der Betriebskosten, höhere Erträge durch neue Umsatzströme sowie effizientere Geschäftsprozesse und die Verbesserung mobiler Arbeitskapazitäten. (2)

TÜV Nord: Jeder Sachverständige arbeitet mit Laptop und Mobiltelefon, erfasst seine Daten offline in SAP CRM und gleicht seine Daten auch einmal täglich ab. Der Zugriff auf das Firmennetz wird über ein mittels Microsoft-Techniken gesichertes Virtual Private Network ermöglicht. Notwendig hierfür war eine Homogenisierung der gesamten heterogenen IT-Systemlandschaft. Alle Bereiche wurden in den letzten Jahren konsequent auf Microsoft- und SAP-Software standardisiert. So kommt im Bereich der mobilen Anwendung heute nur noch Standardsoftware zum Zuge, ebenso gibt es hardwareseitig nur Laptops, keine PDAs oder Smartphones. Aus der Projekterfahrung ist festzustellen, dass der starke Fokus auf Geräte und Devices den Aufwand und die Kosten für Implementierung und Administration zuwenig Beachtung zukommen und sie damit häufig unterschätzen lässt. (3)

Unilever Bestfoods Deutschland: Die Erkenntnis von Unilever lautet, dass nicht die Großen die Kleinen fressen, sondern die Schnellen die Langsamen. Basierend auf dieser Erkenntnis hat man die Vertriebsmannschaft innerhalb von zehn Monaten "mobilisiert" und damit deren Effizienz deutlich gesteigert. Ziel dieser Aktion war es, die Reaktionsfähigkeit der Vertriebsmannschaft durch aktuelle Informationen und höhere Preistransparenz am Point of Sales (POS) zu erhöhen bzw. zu beschleunigen. Ein strukturiertes Feedback-Management sollte darüber hinaus die qualitative Outlet-Leistung im Vergleich zum jeweiligen Potenzial erhöhen, die Effizienz der Verkaufsaktivitäten verbessert werden.
Alle 300 Außendienstmitarbeiter wurden mit Tablet PCs ausgestattet, die gesamte Verkaufsorganisation erhielt Siebel Software. Die Anbindung der Außendienstmitarbeiter erfolgt über ISDN oder DSL. Auch First-Level-Support wird geleistet, insbesondere da es sich bei lediglich sieben Prozent der Nutzer um technisch versiertes Personal handelt. So sind die fünf regionalen Betreuer, die sich jeweils 60 mobilen Anwendern widmen ganz gut ausgelastet. (3)

PriceWaterhouse Coopers (PwC):

Die Arbeit an die Berater von PwC erfordert ein hohes maß an Mitarbeitermobilität, da die Arbeit unterwegs oder im Hotelzimmer oder in wechselnden Büroräumen stattfindet. Alleine in Deutschland sind 8000 mobile Clients im Online- und Offline-Einsatz tätig.Da es sich bei den verarbeiteten Informationen in der Regel um Daten handelt, die nicht in fremde Hände gelangen dürfen, ist das eigenentwickelte IT-Sicherheitskonzept ein Herzstück der mobilen Arbeit. Es musste folgende Anforderungen erfüllen:Es durfte keine Möglichkeit geben, die Datenverschlüsselung zu vergessen. Ebenso durfte es aber auch keine unverschlüsselten Daten- bzw. Datencluster geben, die in ungelöschten Cache- oder temporären Dateien schlummern. Andererseits sollte sich der Bedienaufwand für die Nutzer in Grenzen halten. So wurden E-Mail-Verschlüsselungsprogramme, Sicherungen des VPN, ein Virenscanner und eine nicht abschaltbare Festplattenverschlüsselung auf den Mobilgeräten installiert. Preis dieser Lösung sind unter anderem Performance-Verluste zwischen fünf und 25 Prozent. Außerdem lassen sich keine unterschiedlichen individuellen Zugriffsrechte festlegen. (3)Die **Metro** setzt auf eine bessere Informationsversorgung der Angestellten direkt am Regal. Verschiedene Cash&Carry-Märkte werden mit um WLAN und Scanner-Funktionalität erweiterten PDAs ausgestattet. In der zweiten Jahreshälfte sollen rund 20 Märkte folgen. In 2005 sollen die restlichen der rund 60 deutschen Metro C+C-Märkte damit ausgestattet sein. Dieses Projekt ist zurzeit eines der wichtigen Modernisierungsprojekte des IT-Chefs der Metro Group. Die Mitarbeiter können mithilfe WLAN direkt an der Verkaufsfläche auf sämtliche notwendigen Informationen zugreifen und das alles im Echtzeit-Zugriff auf das Warenwirtschaftssystem.Wichtig ist der Metro insbesondere der Aufbau einer WLAN-Architektur mit offenen Standards um damit auch härtere Preisverhandlungen mit den Hardware-Anbietern zu ermöglichen und die Nutzung der jeweils besten Geräte.Die Infromationen, die auf den PDA-Displays gezeigt werden, zeigen eine der kleinen Bildschirm-Oberfläche angepasste Version der Informationen die das Warenwirtschaftssystem per Browser auf PC-Bildschirme liefert. Von der Nutzung her soll kein nennenswerter Schulungsaufwand notwendig sein.

Weiterführende Literatur

(1) Die Satellitenkommunikation eignet sich als Backup für die Festnetzverbindung – Mit der Sicherheit hapert es allerdings noch Online im Niemandsland
aus Computer Zeitung, Heft 3, 2004, S. 4

(2) IDC prognostiziert Mobility-Boom erst für 2006 Mobile Computing scheitert an Integration

aus Computerwoche, 13.02.2004, Nr. 7, S. 8

(3) Carrier machen kein Geld locker Siemens ICN sucht Nistplatz in fremden Netzen
aus Computerwoche, 20.02.2004, Nr. 8, S. 12-13

(4) Mobile Case Study: Von Anwendern für Anwender Deutsche Unternehmen machen mobil
aus Computerwoche, 06.02.2004, Nr. 6, S. 28-29

Impressum

Die Mobilität der Kommunikation (Sprachen und Daten) gewinnt an Bedeutung

Bibliografische Information der deutschen Nationalbibliothek

Die Deutsche Nationalbibliothek verzeichnet diese Publikation in der deutschen Nationalbibliografie; detaillierte bibliografische Daten sind im Internet über http://dnb.d-nb.de abrufbar.

ISBN: 978-3-7379-0291-5

© 2015 GBI-Genios Deutsche Wirtschaftsdatenbank GmbH, Freischützstraße 96, 81927 München, www.genios.de

Alle Rechte vorbehalten. Dieses Werk ist einschließlich aller seiner Teile – z.B. Texte, Tabellen und Grafiken - urheberrechtlich geschützt. Jede Verwertung außerhalb der Grenzen des Urheberrechtsgesetzes bedarf der vorherigen Zustimmung des Verlags. Dies gilt insbesondere auch für auszugsweise Nachdrucke, fotomechanische

Vervielfältigungen (Fotokopie/Mikroskopie), Übersetzungen, Auswertungen durch Datenbanken oder ähnliche Einrichtungen und die Einspeicherung und Verarbeitung in elektronischen Systemen.